AF177415

Dieses Buch gehört:

_____

Titel: _____

Webseite: _____

Benutzername/n: _____
_____
_____

E-Mail-Adresse/n: _____
_____
_____

Passwort/-wörter: _____
_____
_____

Notizen:

_____
_____
_____
_____
_____
_____

Erstellungsdatum: _____

Titel: _____

Webseite: _____

Benutzername/n: _____

_____

_____

E-Mail-Adresse/n: _____

_____

_____

Passwort/-wörter: _____

_____

_____

Notizen:

_____

_____

_____

_____

_____

_____

Erstellungsdatum: _____

Titel: _____

Webseite: _____

Benutzername/n: _____

_____

_____

E-Mail-Adresse/n: _____

_____

_____

Passwort/-wörter: _____

_____

_____

Notizen:

_____

_____

_____

_____

_____

_____

Erstellungsdatum: _____

Titel: _____

Webseite: _____

Benutzername/n: _____

_____

_____

E-Mail-Adresse/n: _____

_____

_____

Passwort/-wörter: _____

_____

_____

Notizen:

_____

_____

_____

_____

_____

_____

Erstellungsdatum: _____

Titel: _____

Webseite: _____

Benutzername/n: _____

_____

_____

E-Mail-Adresse/n: _____

_____

_____

Passwort/-wörter: _____

_____

_____

Notizen:

_____

_____

_____

_____

_____

_____

Erstellungsdatum: _____

Titel: _____

Webseite: _____

Benutzername/n: _____
_____
_____

E-Mail-Adresse/n: _____
_____
_____

Passwort/-wörter: _____
_____
_____

Notizen:

_____
_____
_____
_____
_____
_____

Erstellungsdatum: _____

Titel: _____

Webseite: _____

Benutzername/n: _____

_____

_____

E-Mail-Adresse/n: _____

_____

_____

Passwort/-wörter: _____

_____

_____

Notizen:

_____

_____

_____

_____

_____

_____

Erstellungsdatum: _____

Titel: _____

Webseite: _____

Benutzername/n: _____

_____

_____

E-Mail-Adresse/n: _____

_____

_____

Passwort/-wörter: _____

_____

_____

Notizen:

_____

_____

_____

_____

_____

Erstellungsdatum: _____

Titel: _____

Webseite: _____

Benutzername/n: _____
_____
_____

E-Mail-Adresse/n: _____
_____
_____

Passwort/-wörter: _____
_____
_____

Notizen:

_____
_____
_____
_____
_____
_____

Erstellungsdatum: _____

Titel: _____

Webseite: _____

Benutzername/n: _____
                   _____
                   _____

E-Mail-Adresse/n: _____
                   _____
                   _____

Passwort/-wörter: _____
                   _____
                   _____

Notizen:

_____

_____

_____

_____

_____

_____

Erstellungsdatum: _____

Titel: _____

Webseite: _____

Benutzername/n: _____

_____

_____

E-Mail-Adresse/n: _____

_____

_____

Passwort/-wörter: _____

_____

_____

Notizen:

_____

_____

_____

_____

_____

_____

Erstellungsdatum: _____

Titel: _____

Webseite: _____

Benutzername/n: _____
_____
_____

E-Mail-Adresse/n: _____
_____
_____

Passwort/-wörter: _____
_____
_____

Notizen:

_____
_____
_____
_____
_____
_____

Erstellungsdatum: _____

Titel: _____

Webseite: _____

Benutzername/n: _____

_____

_____

E-Mail-Adresse/n: _____

_____

_____

Passwort/-wörter: _____

_____

_____

Notizen:

_____

_____

_____

_____

_____

_____

Erstellungsdatum: _____

Titel: _____

Webseite: _____

Benutzername/n: _____

_____

_____

E-Mail-Adresse/n: _____

_____

_____

Passwort/-wörter: _____

_____

_____

Notizen:

_____

_____

_____

_____

_____

_____

Erstellungsdatum: _____

Titel: _____

Webseite: _____

Benutzername/n: _____

_____

_____

E-Mail-Adresse/n: _____

_____

_____

Passwort/-wörter: _____

_____

_____

Notizen:

_____

_____

_____

_____

_____

_____

Erstellungsdatum: _____

Titel: _____

Webseite: _____

Benutzername/n: _____
_____
_____

E-Mail-Adresse/n: _____
_____
_____

Passwort/-wörter: _____
_____
_____

Notizen:

_____
_____
_____
_____
_____
_____

Erstellungsdatum: _____

Titel: _____

Webseite: _____

Benutzername/n: _____
_____
_____

E-Mail-Adresse/n: _____
_____
_____

Passwort/-wörter: _____
_____
_____

Notizen:

_____
_____
_____
_____
_____
_____

Erstellungsdatum: _____

Titel: _____

Webseite: _____

Benutzername/n: _____
_____
_____

E-Mail-Adresse/n: _____
_____
_____

Passwort/-wörter: _____
_____
_____

Notizen:

_____
_____
_____
_____
_____
_____

Erstellungsdatum: _____

Titel: _____

Webseite: _____

Benutzername/n: _____
_____
_____

E-Mail-Adresse/n: _____
_____
_____

Passwort/-wörter: _____
_____
_____

Notizen:

_____
_____
_____
_____
_____
_____

Erstellungsdatum: _____

Titel: _____

Webseite: _____

Benutzername/n: _____

_____

_____

E-Mail-Adresse/n: _____

_____

_____

Passwort/-wörter: _____

_____

_____

Notizen:

_____

_____

_____

_____

_____

Erstellungsdatum: _____

Titel: _____

Webseite: _____

Benutzername/n: _____
_____
_____

E-Mail-Adresse/n: _____
_____
_____

Passwort/-wörter: _____
_____
_____

Notizen:

_____
_____
_____
_____
_____
_____

Erstellungsdatum: _____

Titel: _____

Webseite: _____

Benutzername/n: _____

_____

_____

E-Mail-Adresse/n: _____

_____

_____

Passwort/-wörter: _____

_____

_____

Notizen:

_____

_____

_____

_____

_____

_____

Erstellungsdatum: _____

Titel: _____

Webseite: _____

Benutzername/n: _____

_____

_____

E-Mail-Adresse/n: _____

_____

_____

Passwort/-wörter: _____

_____

_____

Notizen:

_____

_____

_____

_____

_____

_____

Erstellungsdatum: _____

Titel: _____

Webseite: _____

Benutzername/n: _____

_____

_____

E-Mail-Adresse/n: _____

_____

_____

Passwort/-wörter: _____

_____

_____

Notizen:

_____

_____

_____

_____

_____

_____

Erstellungsdatum: _____

Titel: _____

Webseite: _____

Benutzername/n: _____
_____
_____

E-Mail-Adresse/n: _____
_____
_____

Passwort/-wörter: _____
_____
_____

Notizen:

_____
_____
_____
_____
_____
_____

Erstellungsdatum: _____

Titel: _____

Webseite: _____

Benutzername/n: _____
_____
_____

E-Mail-Adresse/n: _____
_____
_____

Passwort/-wörter: _____
_____
_____

Notizen:

_____
_____
_____
_____
_____
_____

Erstellungsdatum: _____

Titel: _____

Webseite: _____

Benutzername/n: _____
_____
_____

E-Mail-Adresse/n: _____
_____
_____

Passwort/-wörter: _____
_____
_____

Notizen:

_____
_____
_____
_____
_____
_____

Erstellungsdatum: _____

Titel: _____

Webseite: _____

Benutzername/n: _____

_____

_____

E-Mail-Adresse/n: _____

_____

_____

Passwort/-wörter: _____

_____

_____

Notizen:

_____

_____

_____

_____

_____

_____

Erstellungsdatum: _____

Titel: _____

Webseite: _____

Benutzername/n: _____

_____

_____

E-Mail-Adresse/n: _____

_____

_____

Passwort/-wörter: _____

_____

_____

Notizen:

_____

_____

_____

_____

_____

_____

Erstellungsdatum: _____

Titel: _____

Webseite: _____

Benutzername/n: _____
_____
_____

E-Mail-Adresse/n: _____
_____
_____

Passwort/-wörter: _____
_____
_____

Notizen:

_____
_____
_____
_____
_____
_____

Erstellungsdatum: _____

Titel: _____

Webseite: _____

Benutzername/n: _____
_____
_____

E-Mail-Adresse/n: _____
_____
_____

Passwort/-wörter: _____
_____
_____

Notizen:

_____
_____
_____
_____
_____
_____

Erstellungsdatum: _____

Titel: _____

Webseite: _____

Benutzername/n: _____

_____

_____

E-Mail-Adresse/n: _____

_____

_____

Passwort/-wörter: _____

_____

_____

Notizen:

_____

_____

_____

_____

_____

_____

Erstellungsdatum: _____

Titel: _____

Webseite: _____

Benutzername/n: _____
_____
_____

E-Mail-Adresse/n: _____
_____
_____

Passwort/-wörter: _____
_____
_____

Notizen:

_____
_____
_____
_____
_____
_____

Erstellungsdatum: _____

Titel: _____

Webseite: _____

Benutzername/n: _____
_____
_____

E-Mail-Adresse/n: _____
_____
_____

Passwort/-wörter: _____
_____
_____

Notizen:

_____
_____
_____
_____
_____
_____

Erstellungsdatum: _____

Titel: _____

Webseite: _____

Benutzername/n: _____

_____

_____

E-Mail-Adresse/n: _____

_____

_____

Passwort/-wörter: _____

_____

_____

Notizen:

_____

_____

_____

_____

_____

_____

Erstellungsdatum: _____

Titel: _____

Webseite: _____

Benutzername/n: _____

_____

_____

E-Mail-Adresse/n: _____

_____

_____

Passwort/-wörter: _____

_____

_____

Notizen:

_____

_____

_____

_____

_____

_____

Erstellungsdatum: _____

Titel: _____

Webseite: _____

Benutzername/n: _____

_____

_____

E-Mail-Adresse/n: _____

_____

_____

Passwort/-wörter: _____

_____

_____

Notizen:

_____

_____

_____

_____

_____

_____

Erstellungsdatum: _____

Titel: _____

Webseite: _____

Benutzername/n: _____
_____
_____

E-Mail-Adresse/n: _____
_____
_____

Passwort/-wörter: _____
_____
_____

Notizen:

_____
_____
_____
_____
_____
_____

Erstellungsdatum: _____

Titel: _____

Webseite: _____

Benutzername/n: _____
_____
_____

E-Mail-Adresse/n: _____
_____
_____

Passwort/-wörter: _____
_____
_____

Notizen:

_____
_____
_____
_____
_____
_____

Erstellungsdatum: _____

Titel: _____

Webseite: _____

Benutzername/n: _____
_____
_____

E-Mail-Adresse/n: _____
_____
_____

Passwort/-wörter: _____
_____
_____

Notizen:

_____
_____
_____
_____
_____
_____

Erstellungsdatum: _____

Titel: _____

Webseite: _____

Benutzername/n: _____
_____
_____

E-Mail-Adresse/n: _____
_____
_____

Passwort/-wörter: _____
_____
_____

Notizen:

_____
_____
_____
_____
_____
_____

Erstellungsdatum: _____

Titel: _____

Webseite: _____

Benutzername/n: _____
_____
_____

E-Mail-Adresse/n: _____
_____
_____

Passwort/-wörter: _____
_____
_____

Notizen:

_____
_____
_____
_____
_____
_____

Erstellungsdatum: _____

Titel: _____

Webseite: _____

Benutzername/n: _____
_____
_____

E-Mail-Adresse/n: _____
_____
_____

Passwort/-wörter: _____
_____
_____

Notizen:

_____
_____
_____
_____
_____
_____

Erstellungsdatum: _____

Titel: _____

Webseite: _____

Benutzername/n: _____
_____
_____

E-Mail-Adresse/n: _____
_____
_____

Passwort/-wörter: _____
_____
_____

Notizen:

_____
_____
_____
_____
_____
_____

Erstellungsdatum: _____

Titel: _____

Webseite: _____

Benutzername/n: _____
_____
_____

E-Mail-Adresse/n: _____
_____
_____

Passwort/-wörter: _____
_____
_____

Notizen:

_____
_____
_____
_____
_____
_____

Erstellungsdatum: _____

Titel: _____

Webseite: _____

Benutzername/n: _____

_____

_____

E-Mail-Adresse/n: _____

_____

_____

Passwort/-wörter: _____

_____

_____

Notizen:

_____

_____

_____

_____

_____

_____

Erstellungsdatum: _____

Titel: _____

Webseite: _____

Benutzername/n: _____

_____

_____

E-Mail-Adresse/n: _____

_____

_____

Passwort/-wörter: _____

_____

_____

Notizen:

_____

_____

_____

_____

_____

_____

Erstellungsdatum: _____

Titel: _____

Webseite: _____

Benutzername/n: _____
_____
_____

E-Mail-Adresse/n: _____
_____
_____

Passwort/-wörter: _____
_____
_____

Notizen:

_____
_____
_____
_____
_____
_____

Erstellungsdatum: _____

Titel: _____

Webseite: _____

Benutzername/n: _____

_____

_____

E-Mail-Adresse/n: _____

_____

_____

Passwort/-wörter: _____

_____

_____

Notizen:

_____

_____

_____

_____

_____

_____

Erstellungsdatum: _____

Titel: _____

Webseite: _____

Benutzername/n: _____

_____

_____

E-Mail-Adresse/n: _____

_____

_____

Passwort/-wörter: _____

_____

_____

Notizen:

_____

_____

_____

_____

_____

_____

Erstellungsdatum: _____

Titel: _____

Webseite: _____

Benutzername/n: _____
_____
_____

E-Mail-Adresse/n: _____
_____
_____

Passwort/-wörter: _____
_____
_____

Notizen:

_____
_____
_____
_____
_____
_____

Erstellungsdatum: _____

Titel: _____

Webseite: _____

Benutzername/n: _____
_____
_____

E-Mail-Adresse/n: _____
_____
_____

Passwort/-wörter: _____
_____
_____

Notizen:

_____
_____
_____
_____
_____
_____

Erstellungsdatum: _____

Titel: _____

Webseite: _____

Benutzername/n: _____

_____

_____

E-Mail-Adresse/n: _____

_____

_____

Passwort/-wörter: _____

_____

_____

Notizen:

_____

_____

_____

_____

_____

_____

Erstellungsdatum: _____

Titel: _____

Webseite: _____

Benutzername/n: _____

_____

_____

E-Mail-Adresse/n: _____

_____

_____

Passwort/-wörter: _____

_____

_____

Notizen:

_____

_____

_____

_____

_____

_____

Erstellungsdatum: _____

Titel: _____

Webseite: _____

Benutzername/n: _____

_____

_____

E-Mail-Adresse/n: _____

_____

_____

Passwort/-wörter: _____

_____

_____

Notizen:

_____

_____

_____

_____

_____

_____

Erstellungsdatum: _____

Titel: _____

Webseite: _____

Benutzername/n: _____

_____

_____

E-Mail-Adresse/n: _____

_____

_____

Passwort/-wörter: _____

_____

_____

Notizen:

_____

_____

_____

_____

_____

_____

Erstellungsdatum: _____

Titel: _____

Webseite: _____

Benutzername/n: _____

_____

_____

E-Mail-Adresse/n: _____

_____

_____

Passwort/-wörter: _____

_____

_____

Notizen:

_____

_____

_____

_____

_____

_____

Erstellungsdatum: _____

Titel: _____

Webseite: _____

Benutzername/n: _____

_____

_____

E-Mail-Adresse/n: _____

_____

_____

Passwort/-wörter: _____

_____

_____

Notizen:

_____

_____

_____

_____

_____

_____

Erstellungsdatum: _____

Titel: _____

Webseite: _____

Benutzername/n: _____
_____
_____

E-Mail-Adresse/n: _____
_____
_____

Passwort/-wörter: _____
_____
_____

Notizen:

_____
_____
_____
_____
_____
_____

Erstellungsdatum: _____

Titel: _____

Webseite: _____

Benutzername/n: _____

_____

_____

E-Mail-Adresse/n: _____

_____

_____

Passwort/-wörter: _____

_____

_____

Notizen:

_____

_____

_____

_____

_____

_____

Erstellungsdatum: _____

Titel: _____

Webseite: _____

Benutzername/n: _____

_____

_____

E-Mail-Adresse/n: _____

_____

_____

Passwort/-wörter: _____

_____

_____

Notizen:

_____

_____

_____

_____

_____

_____

Erstellungsdatum: _____

Titel: _____

Webseite: _____

Benutzername/n: _____
_____
_____

E-Mail-Adresse/n: _____
_____
_____

Passwort/-wörter: _____
_____
_____

Notizen:

_____
_____
_____
_____
_____
_____

Erstellungsdatum: _____

Titel: _____

Webseite: _____

Benutzername/n: _____

_____

_____

E-Mail-Adresse/n: _____

_____

_____

Passwort/-wörter: _____

_____

_____

Notizen:

_____

_____

_____

_____

_____

_____

Erstellungsdatum: _____

Titel: _____

Webseite: _____

Benutzername/n: _____
_____
_____

E-Mail-Adresse/n: _____
_____
_____

Passwort/-wörter: _____
_____
_____

Notizen:

_____
_____
_____
_____
_____
_____

Erstellungsdatum: _____

Titel: _____

Webseite: _____

Benutzername/n: _____

_____

_____

E-Mail-Adresse/n: _____

_____

_____

Passwort/-wörter: _____

_____

_____

Notizen:

_____

_____

_____

_____

_____

_____

Erstellungsdatum: _____

Titel: _____

Webseite: _____

Benutzername/n: _____

_____

_____

E-Mail-Adresse/n: _____

_____

_____

Passwort/-wörter: _____

_____

_____

Notizen:

_____

_____

_____

_____

_____

_____

Erstellungsdatum: _____

Titel: _____

Webseite: _____

Benutzername/n: _____

_____

_____

E-Mail-Adresse/n: _____

_____

_____

Passwort/-wörter: _____

_____

_____

Notizen:

_____

_____

_____

_____

_____

_____

Erstellungsdatum: _____

Titel: _____

Webseite: _____

Benutzername/n: _____
_____
_____

E-Mail-Adresse/n: _____
_____
_____

Passwort/-wörter: _____
_____
_____

Notizen:

_____
_____
_____
_____
_____

Erstellungsdatum: _____

Titel: _____

Webseite: _____

Benutzername/n: _____

_____

_____

E-Mail-Adresse/n: _____

_____

_____

Passwort/-wörter: _____

_____

_____

Notizen:

_____

_____

_____

_____

_____

_____

Erstellungsdatum: _____

Titel: _____

Webseite: _____

Benutzername/n: _____

_____

_____

E-Mail-Adresse/n: _____

_____

_____

Passwort/-wörter: _____

_____

_____

Notizen:

_____

_____

_____

_____

_____

_____

Erstellungsdatum: _____

Titel: _____

Webseite: _____

Benutzername/n: _____

_____

_____

E-Mail-Adresse/n: _____

_____

_____

Passwort/-wörter: _____

_____

_____

Notizen:

_____

_____

_____

_____

_____

_____

Erstellungsdatum: _____

Titel: _____

Webseite: _____

Benutzername/n: _____

_____

_____

E-Mail-Adresse/n: _____

_____

_____

Passwort/-wörter: _____

_____

_____

Notizen:

_____

_____

_____

_____

_____

_____

Erstellungsdatum: _____

Titel: _____

Webseite: _____

Benutzername/n: _____
_____
_____

E-Mail-Adresse/n: _____
_____
_____

Passwort/-wörter: _____
_____
_____

Notizen:

_____
_____
_____
_____
_____
_____

Erstellungsdatum: _____

Titel: _____

Webseite: _____

Benutzername/n: _____
_____
_____

E-Mail-Adresse/n: _____
_____
_____

Passwort/-wörter: _____
_____
_____

Notizen:

_____
_____
_____
_____
_____
_____

Erstellungsdatum: _____

Titel: _____

Webseite: _____

Benutzername/n: _____

_____

_____

E-Mail-Adresse/n: _____

_____

_____

Passwort/-wörter: _____

_____

_____

Notizen:

_____

_____

_____

_____

_____

_____

Erstellungsdatum: _____

Titel: _____

Webseite: _____

Benutzername/n: _____
_____
_____

E-Mail-Adresse/n: _____
_____
_____

Passwort/-wörter: _____
_____
_____

Notizen:

_____
_____
_____
_____
_____
_____

Erstellungsdatum: _____

Titel: _____

Webseite: _____

Benutzername/n: _____
_____
_____

E-Mail-Adresse/n: _____
_____
_____

Passwort/-wörter: _____
_____
_____

Notizen:

_____
_____
_____
_____
_____
_____

Erstellungsdatum: _____

Titel: _____

Webseite: _____

Benutzername/n: _____
_____
_____

E-Mail-Adresse/n: _____
_____
_____

Passwort/-wörter: _____
_____
_____

Notizen:

_____
_____
_____
_____
_____
_____

Erstellungsdatum: _____

Titel: _____

Webseite: _____

Benutzername/n: _____

_____

_____

E-Mail-Adresse/n: _____

_____

_____

Passwort/-wörter: _____

_____

_____

Notizen:

_____

_____

_____

_____

_____

_____

Erstellungsdatum: _____

Titel: _____

Webseite: _____

Benutzername/n: _____
_____
_____

E-Mail-Adresse/n: _____
_____
_____

Passwort/-wörter: _____
_____
_____

Notizen:

_____
_____
_____
_____
_____
_____

Erstellungsdatum: _____

Titel: _____

Webseite: _____

Benutzername/n: _____

_____

_____

E-Mail-Adresse/n: _____

_____

_____

Passwort/-wörter: _____

_____

_____

Notizen:

_____

_____

_____

_____

_____

_____

Erstellungsdatum: _____

Titel: _____

Webseite: _____

Benutzername/n: _____
_____
_____

E-Mail-Adresse/n: _____
_____
_____

Passwort/-wörter: _____
_____
_____

Notizen:

_____
_____
_____
_____
_____
_____

Erstellungsdatum: _____

Titel: _____

Webseite: _____

Benutzername/n: _____

_____

_____

E-Mail-Adresse/n: _____

_____

_____

Passwort/-wörter: _____

_____

_____

Notizen:

_____

_____

_____

_____

_____

_____

Erstellungsdatum: _____

Titel: _____

Webseite: _____

Benutzername/n: _____

_____

_____

E-Mail-Adresse/n: _____

_____

_____

Passwort/-wörter: _____

_____

_____

Notizen:

_____

_____

_____

_____

_____

_____

Erstellungsdatum: _____

Titel: _____

Webseite: _____

Benutzername/n: _____

_____

_____

E-Mail-Adresse/n: _____

_____

_____

Passwort/-wörter: _____

_____

_____

Notizen:

_____

_____

_____

_____

_____

_____

Erstellungsdatum: _____

Titel: _____

Webseite: _____

Benutzername/n: _____
_____
_____

E-Mail-Adresse/n: _____
_____
_____

Passwort/-wörter: _____
_____
_____

Notizen:

_____
_____
_____
_____
_____

Erstellungsdatum: _____

Titel: _____

Webseite: _____

Benutzername/n: _____

_____

_____

E-Mail-Adresse/n: _____

_____

_____

Passwort/-wörter: _____

_____

_____

Notizen:

_____

_____

_____

_____

_____

_____

Erstellungsdatum: _____

Titel: _____

Webseite: _____

Benutzername/n: _____

_____

_____

E-Mail-Adresse/n: _____

_____

_____

Passwort/-wörter: _____

_____

_____

Notizen:

_____

_____

_____

_____

_____

_____

Erstellungsdatum: _____

Titel: _____

Webseite: _____

Benutzername/n: _____

_____

_____

E-Mail-Adresse/n: _____

_____

_____

Passwort/-wörter: _____

_____

_____

Notizen:

_____

_____

_____

_____

_____

_____

Erstellungsdatum: _____

Titel: _____

Webseite: _____

Benutzername/n: _____
_____
_____

E-Mail-Adresse/n: _____
_____
_____

Passwort/-wörter: _____
_____
_____

Notizen:

_____
_____
_____
_____
_____
_____

Erstellungsdatum: _____

Titel: _____

Webseite: _____

Benutzername/n: _____
_____
_____

E-Mail-Adresse/n: _____
_____
_____

Passwort/-wörter: _____
_____
_____

Notizen:

_____
_____
_____
_____
_____
_____

Erstellungsdatum: _____

Titel: _____

Webseite: _____

Benutzername/n: _____

_____

_____

E-Mail-Adresse/n: _____

_____

_____

Passwort/-wörter: _____

_____

_____

Notizen:

_____

_____

_____

_____

_____

_____

Erstellungsdatum: _____

Titel: _____

Webseite: _____

Benutzername/n: _____
_____
_____

E-Mail-Adresse/n: _____
_____
_____

Passwort/-wörter: _____
_____
_____

Notizen:

_____
_____
_____
_____
_____
_____

Erstellungsdatum: _____

Titel: _____

Webseite: _____

Benutzername/n: _____

_____

_____

E-Mail-Adresse/n: _____

_____

_____

Passwort/-wörter: _____

_____

_____

Notizen:

_____

_____

_____

_____

_____

_____

Erstellungsdatum: _____

Titel: _____

Webseite: _____

Benutzername/n: _____
_____
_____

E-Mail-Adresse/n: _____
_____
_____

Passwort/-wörter: _____
_____
_____

Notizen:

_____
_____
_____
_____
_____
_____

Erstellungsdatum: _____

Titel: _____

Webseite: _____

Benutzername/n: _____

_____

_____

E-Mail-Adresse/n: _____

_____

_____

Passwort/-wörter: _____

_____

_____

Notizen:

_____

_____

_____

_____

_____

_____

Erstellungsdatum: _____

Titel: _____

Webseite: _____

Benutzername/n: _____
_____
_____

E-Mail-Adresse/n: _____
_____
_____

Passwort/-wörter: _____
_____
_____

Notizen:

_____
_____
_____
_____
_____
_____

Erstellungsdatum: _____

Titel: _____

Webseite: _____

Benutzername/n: _____

_____

_____

E-Mail-Adresse/n: _____

_____

_____

Passwort/-wörter: _____

_____

_____

Notizen:

_____

_____

_____

_____

_____

_____

Erstellungsdatum: _____

1. Auflage

Autor: Lynn Saltch
Idee, Text und Gestaltung: © Lynn Saltch
Bilder: Coverbild von Comfreak auf pixabay.com
(https://pixabay.com/de/illustrations/matrix-code-computer-pc-daten-356024/)

Verlag: tredition GmbH, Halenreie 40-44, 22359 Hamburg

ISBN: 978-3-347-11347-3 (Paperback)
ISBN: 978-3-347-11348-0 (Hardcover)

Bibliografische Information der Deutschen Nationalbibliothek:
Die Deutsche Nationalbibliothek verzeichnet diese Publikation in der Deutschen Nationalbibliografie; detaillierte bibliografische Daten sind im Internet über http://dnb.dnb.de abrufbar.

Zeitfracht Medien GmbH
Ferdinand-Jühlke-Straße 7
99095 Erfurt, Deutschland
produktsicherheit@kolibri360.de